I SPY
HALLOWEEN
Book For kids

Ages 4-8

BOO!

This Book Belongs To

_____

_____

_____

SUMMARY

- HALLOWEEN COLORING
- CUT AND PASTE
- DOT MARKER
- DOT TO DOT
- WORD SEARCH
- SUDOKU
- MAZES

HALLOWEEN COLORING

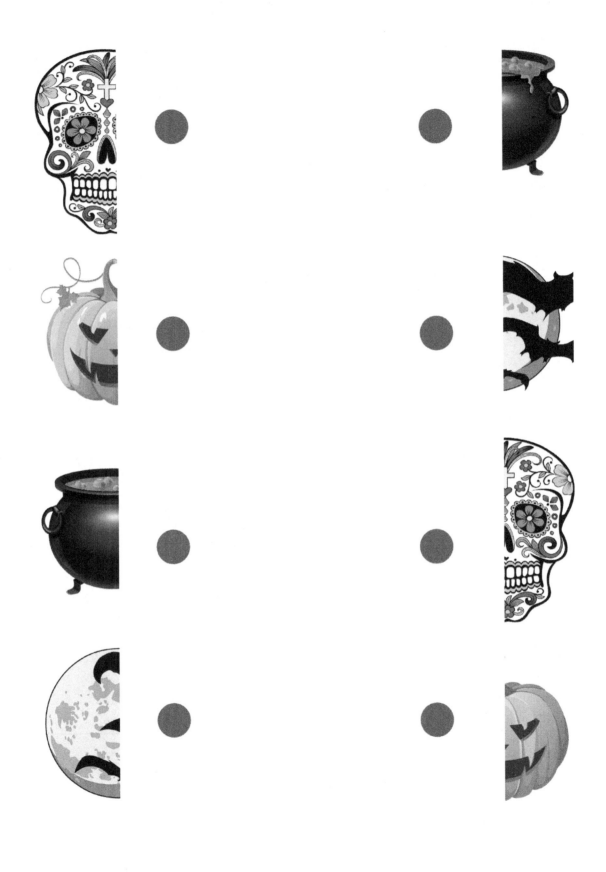

Happy Halloween !

cut and paste the picture that matches the right place

HALLOWEEN COLORING

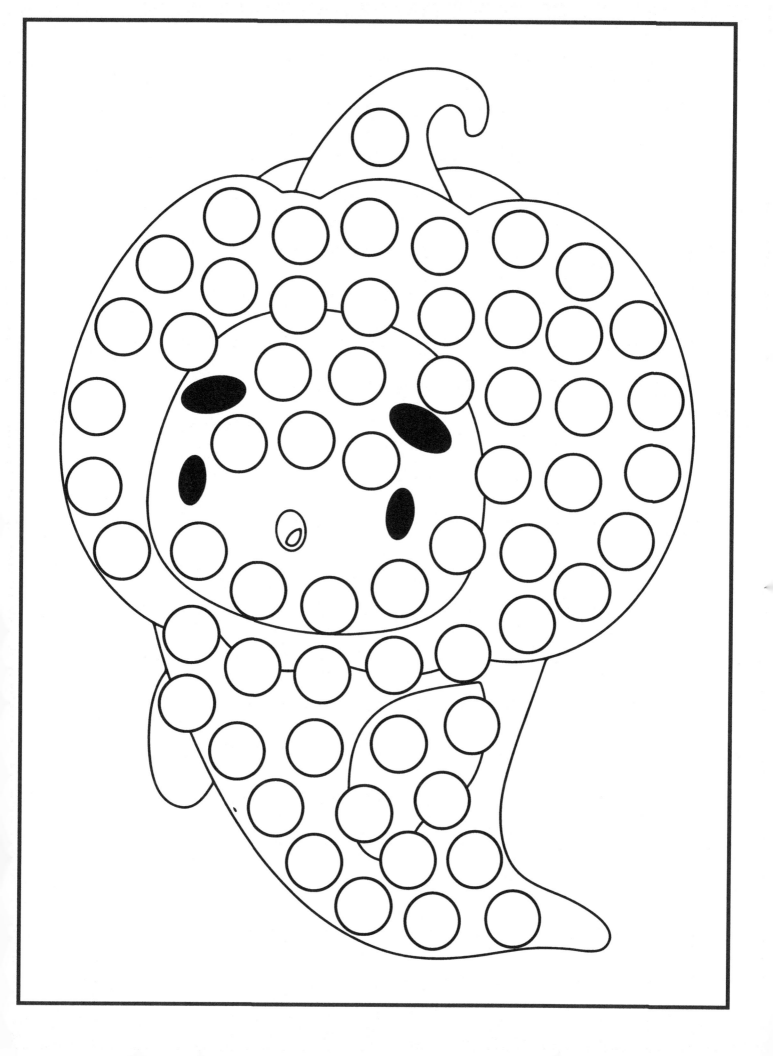

HALLOWEEN LETTERS

Cut and paste letters in the right place !

G H O S T

S T O H

HALLOWEEN COLORING

what picture comes next ?

HALLOWEEN COLORING

HALLOWEEN LETTERS

Cut and paste letters in the right place !

HALLOWEEN COLORING

HALLOWEEN LETTERS

Cut and paste letters in the right place !

B	A	T

A	T	B

HALLOWEEN COLORING

HALLOWEEN LETTERS

Cut and paste letters in the right place !

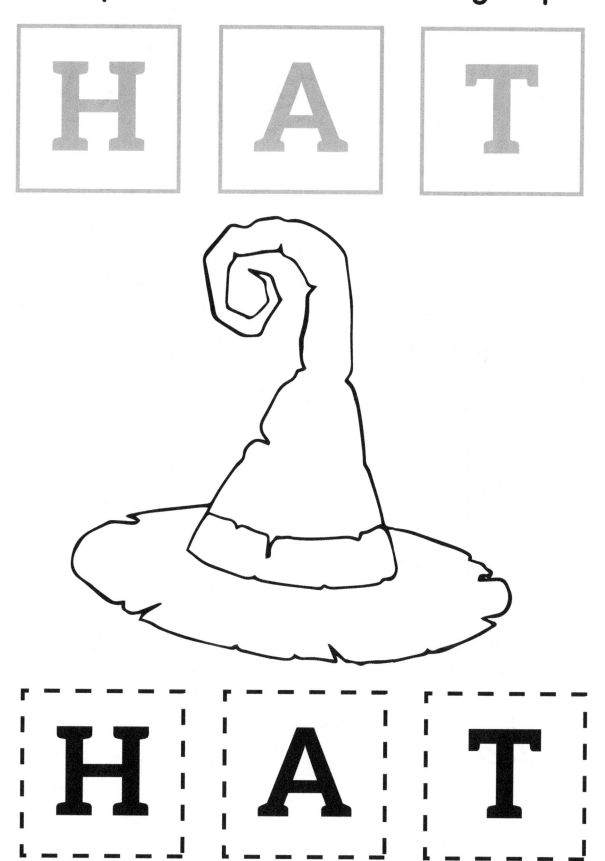

HALLOWEEN COLORING

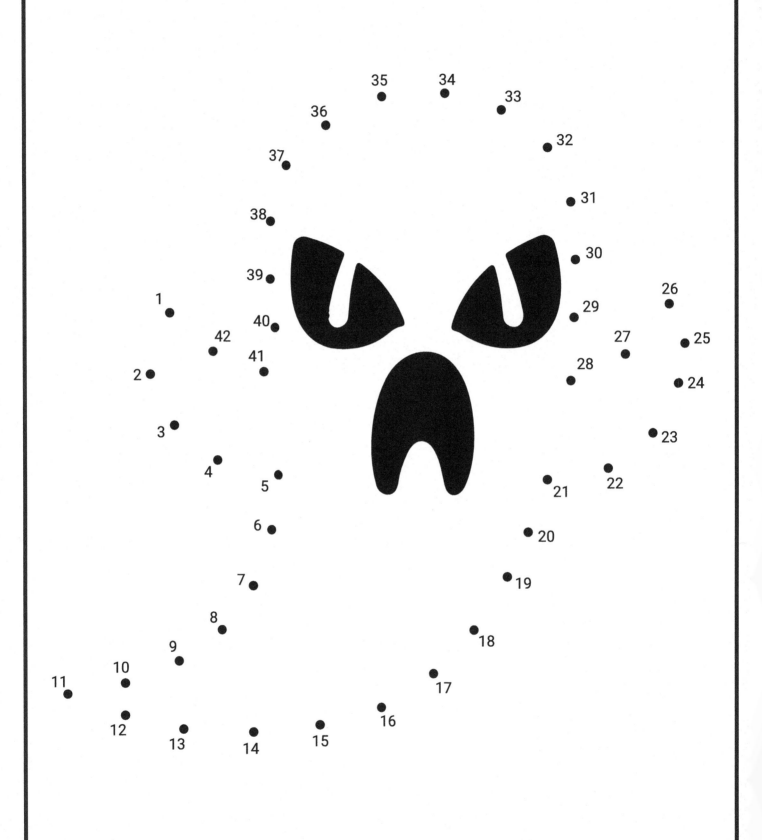

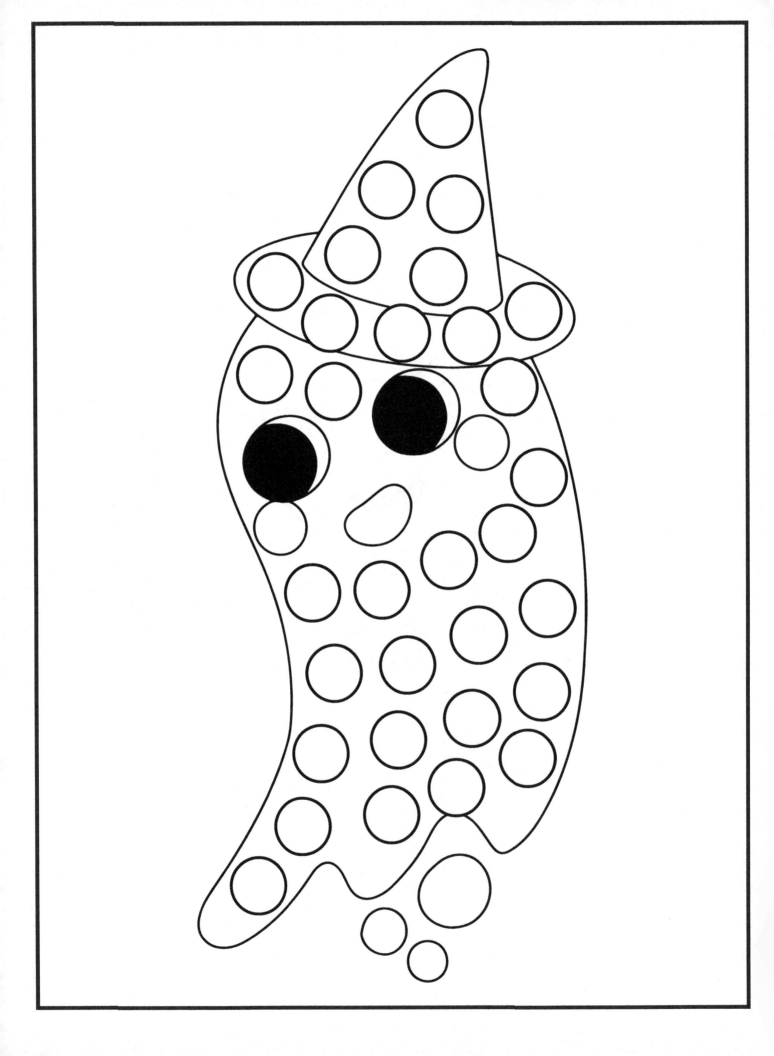

HALLOWEEN LETTERS

Cut and paste letters in the right place !

G	R	A	V	E

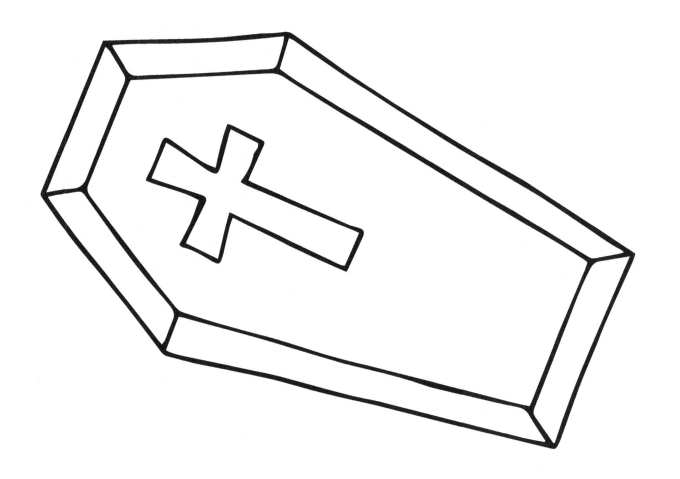

R	V	G	E

HALLOWEEN counting game

Cut and paste the right answer !

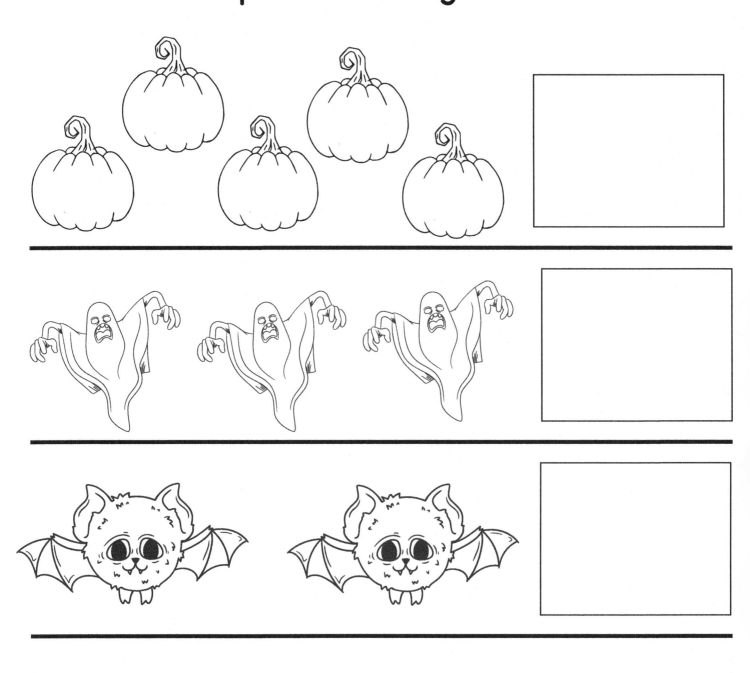

5   3   2   6

HALLOWEEN COUNTING

5 + 3 =

6   8   2

HALLOWEEN counting game

Cut and paste the right answer !

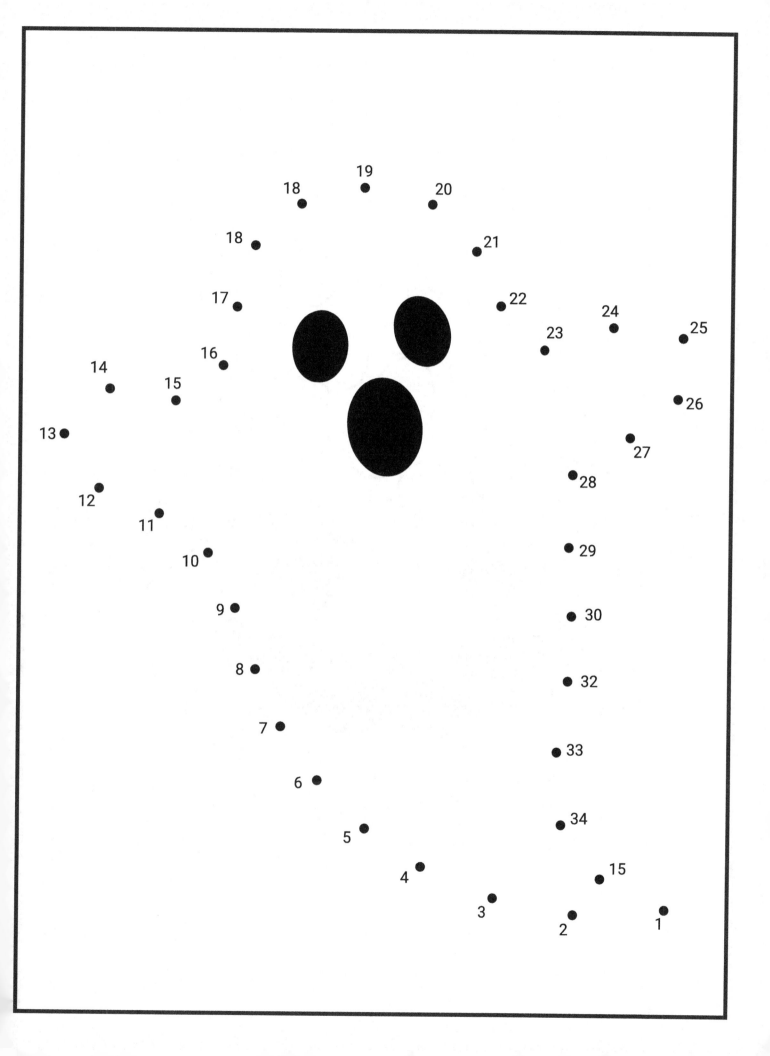

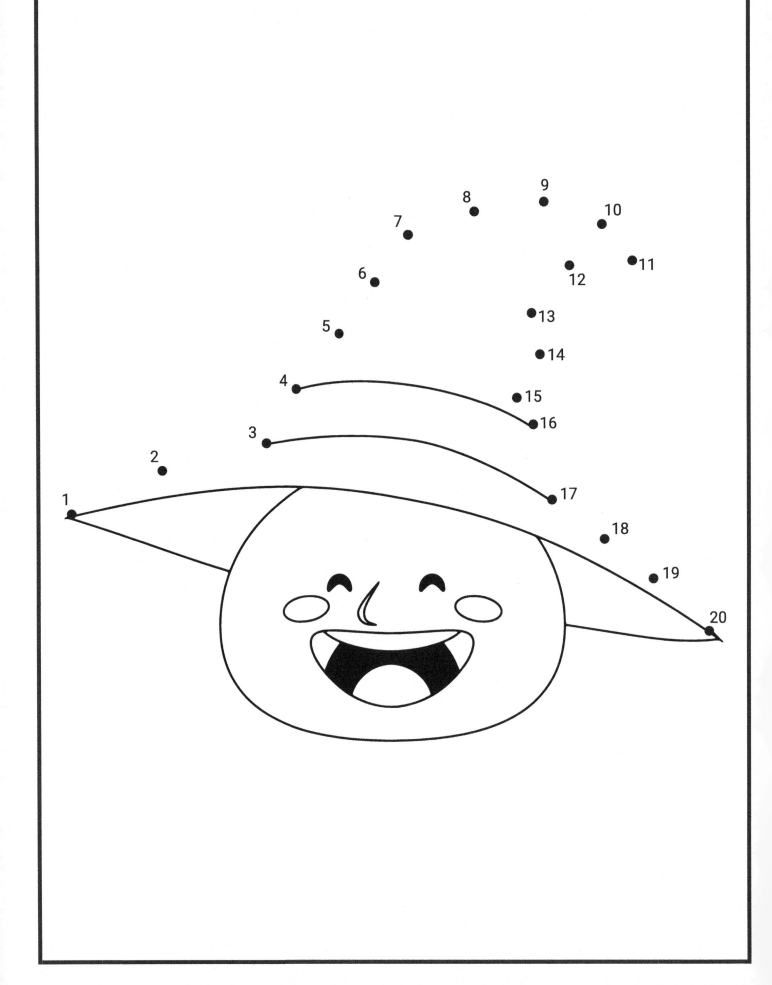

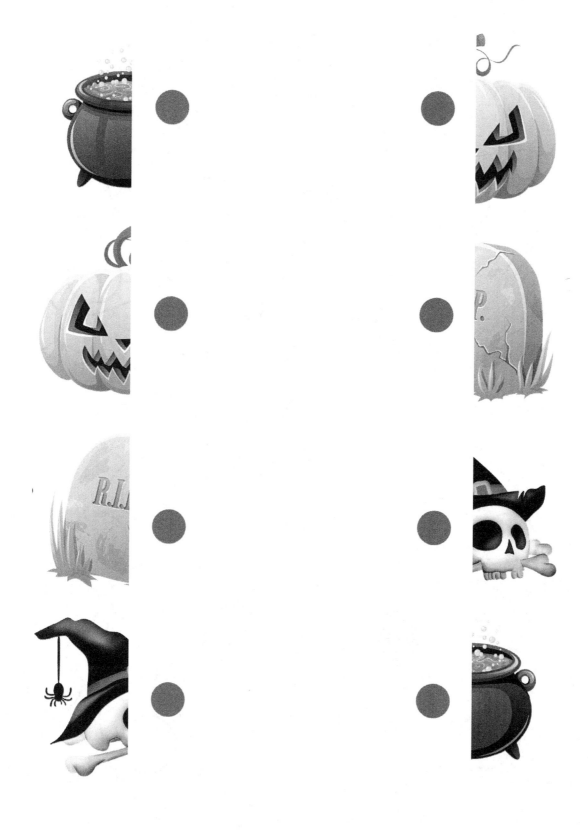

Halloween Word Search

```
C  D  P  I  A  D  M  J  F  G
E  O  Q  O  P  V  T  E  A  B
O  Q  B  M  M  G  Z  K  N  F
B  K  D  W  L  U  G  I  T  W
Y  U  C  H  H  T  M  R  A  G
C  M  R  O  I  S  S  Y  S  O
O  N  O  W  W  L  J  G  T  O
W  O  O  O  L  G  L  Z  I  S
A  G  S  U  L  X  I  U  C  E
R  A  L  E  A  G  D  R  K  B
D  R  A  R  N  H  W  A  L  U
L  D  X  N  V  O  Z  L  I  M
Y  C  V  U  H  L  B  N  K  P
F  I  L  L  N  R  L  Y  K  S
H  I  N  J  Y  Y  V  K  U  W
```

Word List

BONES   COWARDLY   COWGIRL   DRAGON
FANTASTIC   FILL   GLOOMY   GOOSEBUMPS
GUTS

Halloween Word Search 2

```
J  O  O  T  C  L  L  H  K  J
D  F  S  S  B  S  W  N  A  M
T  U  P  Z  N  X  F  Z  E  W
H  K  P  O  P  C  O  R  N  L
E  E  N  O  N  W  O  I  O  A
R  Q  B  G  U  U  W  O  D  R
M  V  K  G  T  Z  X  W  W  U
O  O  L  F  E  T  J  L  E  T
M  Y  I  X  F  F  O  C  S  A
E  T  U  W  E  N  N  H  S  N
T  Z  D  X  V  I  R  D  L  R
E  Q  Y  U  R  I  O  I  P  E
R  U  X  P  E  J  H  M  F  P
W  Z  H  K  K  Q  D  W  R  U
C  A  Q  H  I  D  E  O  U  S
```

Word List

HIDEOUS   OUTFIT   OWL   POPCORN
PRINCE   SHRIEK   SUPERNATURAL   THERMOMETER
UGLY

Halloween Word Search 3

```
C  L  C  A  N  D  Y  I  Y  M
D  N  E  S  N  U  B  T  L  I
R  E  W  N  N  F  N  L  Y  G
T  G  C  H  Z  U  B  S  Y  O
O  A  L  O  A  D  A  O  L  X
T  L  F  J  R  T  A  U  N  H
D  M  S  B  N  A  S  Y  O  Y
H  U  U  A  W  Y  T  J  C  M
O  X  F  L  J  P  J  I  U  M
W  H  U  L  S  U  N  R  N  Q
L  I  B  E  L  E  X  A  Y  G
I  C  G  R  D  K  K  O  G  L
N  F  M  I  Z  A  R  Z  S  F
G  T  B  N  D  M  Y  Y  T  Y
P  E  E  A  E  Z  T  J  V  Y
```

Word List

BALLERINA	BONY	BUNSEN	CANDY
DECORATING	FANTASY	HOWLING	JAUNTY
MAKEUP			

Halloween Word Search 4

```
I  A  P  T  R  L  A  L  E  T
R  E  K  T  V  P  C  P  N  A
T  V  T  S  V  D  S  P  L  Q
V  B  A  U  M  J  A  A  W  C
B  K  M  H  R  E  C  O  M  D
R  U  E  X  L  N  R  V  W  E
M  T  N  T  O  R  I  X  M  N
C  I  T  Z  I  R  F  P  Y  I
H  A  D  S  W  M  I  O  S  A
R  O  O  N  W  S  C  F  T  L
V  M  W  U  I  N  E  M  E  P
E  O  A  B  O  G  A  M  R  X
U  X  Y  S  X  C  H  V  Y  E
O  L  Y  O  G  Q  T  T  Z  N
E  Z  W  H  I  S  T  L  E  U
```

Word List

MIDNIGHT	MYSTERY	RATTLE	SACRIFICE
SIBYL	TURNIP	UNEXPLAINED	WHISTLE
WORRISOME			

Halloween Word Search 5

```
F  G  D  C  I  S  H  U  B  X
J  Z  V  I  Q  T  J  S  N  P
U  U  Q  G  P  C  S  U  J  E
L  D  M  A  T  O  U  S  G  K
C  M  L  M  S  E  V  R  A  C
G  N  I  T  S  R  U  B  Y  E
N  O  I  T  I  R  A  P  P  A
I  N  A  M  C  B  Z  T  A  U
R  S  L  Y  R  D  N  M  G  A
E  P  L  A  E  W  K  D  Y  U
T  O  U  H  A  V  Q  R  H  E
T  L  R  E  K  E  X  J  I  O
U  C  E  R  I  U  J  N  F  V
L  Y  P  Y  N  Q  E  J  M  P
F  C  O  U  G  G  S  P  F  H
```

Word List

ALLURE	APPARITION	BURSTING	CARVE
CREAKING	CYCLOPS	FLUTTERING	GENIE
MAGIC			

Halloween Word Search 6

```
Y  B  E  R  O  F  R  J  H  V
G  O  V  P  W  A  W  Z  C  X
D  V  R  R  C  S  H  Y  C  Q
P  F  Q  C  G  A  O  K  H  S
N  E  O  W  R  W  O  J  J  Q
G  O  K  V  P  R  S  A  R  E
N  H  E  A  E  M  H  Q  U  K
V  S  E  D  T  W  I  I  N  S
T  Q  I  R  P  S  N  U  H  G
U  P  V  R  Z  X  G  I  N  R
S  U  N  D  E  A  D  I  T  Y
W  I  Z  A  R  D  K  F  N  F
C  C  S  A  J  A  Z  A  R  V
E  A  S  U  R  V  Z  B  K  N
R  E  A  N  I  M  A  T  E  D
```

Word List

HARVEST	RACCOON	RAKING	REANIMATED
SPIDER	STAKE	UNDEAD	WHOOSHING
WIZARD			

Halloween Word Search 7

```
G  R  A  V  E  S  T  O  N  E
H  A  U  D  D  D  O  C  F  F
S  N  W  Q  I  E  X  C  I  R
X  A  V  X  S  C  M  O  G  A
J  T  K  F  G  O  R  S  A  N
G  R  E  N  U  M  T  T  B  K
C  Y  O  I  S  P  Q  U  A  E
B  M  L  B  T  O  M  M  T  N
E  U  C  Y  I  S  Y  E  T  S
A  F  B  K  N  I  L  D  L  T
G  L  I  B  G  N  K  C  I  E
L  B  Y  T  L  G  L  N  N  I
G  P  S  T  E  I  N  R  G  N
Q  C  P  E  K  Y  N  Y  M  U
V  B  E  A  S  T  S  G  X  L
```

Word List

BATTLING   BEASTS   BUBBLING   COSTUMED
DECOMPOSING   DISGUSTING   FRANKENSTEIN   GNOME
GRAVESTONE

Halloween Word Search 8

P	I	T	C	V	F	D	R	H	P
I	Z	N	H	U	K	P	M	C	U
U	R	X	F	Z	H	H	B	H	U
N	Q	Q	J	E	S	D	C	I	R
E	M	M	B	L	C	C	N	H	S
A	U	I	F	N	I	T	A	U	Y
R	R	Q	O	L	O	S	O	R	Y
T	D	Z	E	P	O	L	E	T	Y
H	E	R	Q	P	A	C	H	X	E
L	R	J	R	D	R	G	D	F	K
Y	Z	D	N	O	I	Z	X	I	O
I	E	A	S	L	P	O	M	R	G
E	C	V	I	B	X	O	X	O	T
S	R	W	X	O	N	P	T	S	C
T	T	J	X	O	M	E	A	Y	M

Word List

INFECT   KIMONO   MURDER   RELIC
SCANDALOUS   SCARY   SORCERY   TWILIGHT
UNEARTHLY

Halloween Word Search 9

```
M E E X O R C I S T
O A I J C H F F M Y
Q W Y D R A C U L A
S A B H C O W B O Y
C L I O E Y B Z B M
K B B A O M C E T I
K K I U K G L H M S
Q S L T B L E Z T C
P U F Y O F I R Q H
F D A W N Y K T S I
E S I T O K O G U E
X N B V V V U Q R F
G H Z I N J A E Q T
A P P L E C I D E R
Z H Y W T W L R S S
```

Word List

APPLE CIDER   BELLOWING   BOOGERS   COWBOY
DRACULA   DUSK   EXORCIST   MAYHEM
MISCHIEF

Halloween Word Search 10

N	R	S	C	R	E	E	C	H	P
P	R	A	N	K	S	T	E	R	E
G	K	A	K	L	R	V	A	S	T
M	I	P	U	Y	F	J	S	U	R
W	B	N	J	G	M	N	O	P	I
I	B	K	I	L	K	P	I	E	F
T	N	W	M	M	S	K	L	R	Y
C	N	I	A	L	L	I	V	V	I
H	I	T	A	H	B	E	N	I	N
C	W	Y	R	M	I	I	O	S	G
R	I	F	C	I	K	X	O	I	L
A	E	O	G	P	C	H	D	O	M
F	E	Q	M	Q	W	K	F	N	Z
T	K	U	G	M	Q	I	A	R	N
T	P	L	L	Z	K	Z	Y	H	M

Word List

PETRIFYING   PRANKSTER   PUMPKIN   SCREECH
SUPERVISION   TRICK   VILLAIN   WIG
WITCHCRAFT

Puzzle 1

3	1	6	4	5	2
2	5		3		6
	2	3			1
	6			4	
6		2		3	
5	3	1		2	

Puzzle 2

	4		6		
		5		4	2
4	3	1		6	5
5	2		1		
2	5		4		6
	6		5		3

Puzzle 3

2	4	5		3	1
		1	4	2	5
	2	6	5		
1				6	
5		2	3	4	6
		3			2

Puzzle 4

1			3		6
	3		4	1	
		1	6	3	5
5	6	3		4	1
	1			2	
4		2	1		

Puzzle 5

		2	6	4	5
	6				
		5	3	6	
3	4	6	5	1	2
	5	3	1		
6	2	1		5	3

Puzzle 6

3	5			4	
4	2				
6	4	5	1	2	
1			6	5	4
2		4	5	3	6
5				1	2

Puzzle 7

4	5	3		1	
	2	1	5	4	3
3	6	4			
	1				4
	4	2	1		
1	3				5

Puzzle 8

2			6	1	4
			5		2
5		6			1
4		2	3		6
1		5	2	4	3
3		4	1	6	

Puzzle 9

			2		6
	2	1			5
5	3		4		1
	1	2			3
1	5	4	6		
2	6	3	1	5	4

		4		5	
	5		6	4	
6	1	5	2		4
		3	1	6	5
	4				3
5		1		2	6

3	5				4
6	2	4		5	
	3	5	4		
				3	5
		3	6	4	
2		6	5	1	3

2	5	6		4	1
1	4			2	
3		1	5	6	
4	6		1		
					6
6	1	4	2		

Puzzle 13

	2	6		1	3
	4		6		5
2		4			1
	5	1	2	6	
6		5	3	4	2
	3		1		

Puzzle 14

		4	2	6	
	6			4	3
6	5	1			
2	4	3	1		6
3	1	5		2	
	2	6		1	

Puzzle 15

			4	3	
3	6			2	
5	4		6	1	2
			5	4	3
6	2	1	3	5	
4	3	5		6	

Maze 1

Start

End

Maze 2

Start

End

Maze 3

Start

End

Maze 4

Start

End

Maze 5

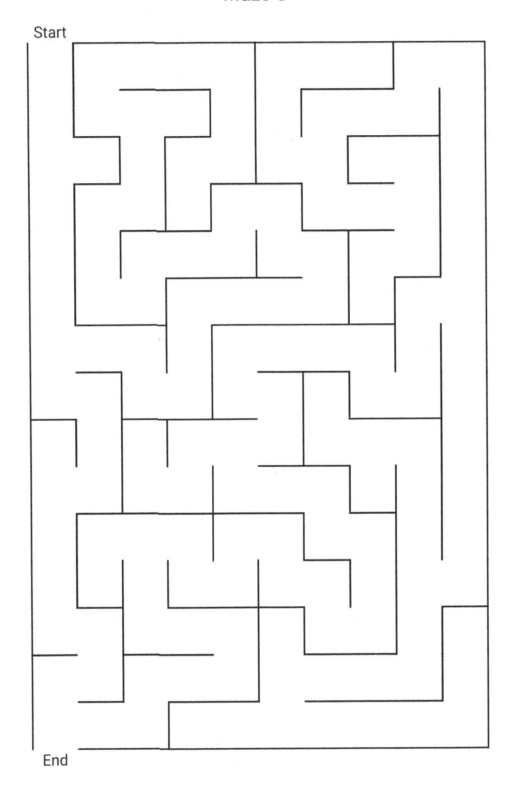

Start

End

Maze 6

Start

End

Maze 7

Start

End

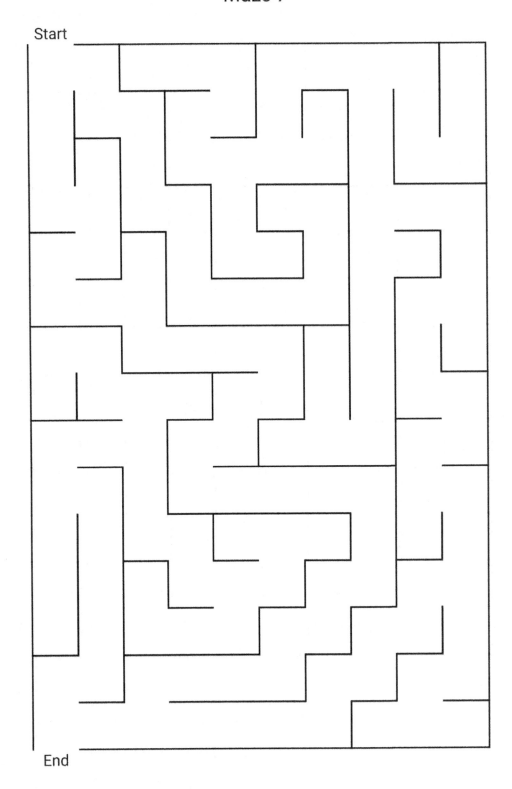

Maze 8

Start

End

Maze 9

Start

End

Maze 10

Start

End

Made in the USA
Middletown, DE
25 October 2022

13487637R00064